LE LIEUTENANT-COLONEL

EMMANUEL-VICTOR

REGNARD DE GIRONCOURT

« L'amitié fait revivre les morts
» dans le respect, le souvenir et
» les regrets de leurs amis. »

CICÉRON, *De l'Amitié*, VII.

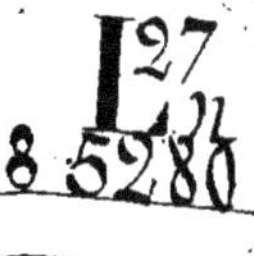

LE LIEUTENANT-COLONEL

EMMANUEL-VICTOR

REGNARD DE GIRONCOURT

LE LIEUTENANT-COLONEL

EMMANUEL-VICTOR

REGNARD DE GIRONCOURT

« L'amitié fait revivre les morts
» dans le respect, le souvenir e
» les regrets de leurs amis. »

Cicéron, *De l'Amitié*, VII.

Il arrive un temps dans la vie où nous ne saurions y avancer qu'en laissant derrière nous, sur la route, quelques-uns de ceux qui y sont entrés avec nous. Hélas ! on ne s'y arrête pas toujours pour se reposer un instant, mais pour marquer la voie par des funérailles.

Celles d'un homme de cœur et de bien, qu'on vient de célébrer à Nancy, ne sont que trop faites pour nous le rappeler

La mort y a atteint le colonel Victor de Gironcourt (1); le coup qui l'a frappé a touché dans une de leurs plus chères affections tous ceux qui l'ont connu : aux uns il ravit un ami sûr, un ami des bons comme des mauvais jours ; aux autres un camarade avec lequel ils ont partagé les travaux et les périls de la guerre ; à tous l'homme du commerce le plus doux, le plus égal et le plus facile.

---

(1) Il est décédé à Nancy, le 4 avril 1884.

Il y avait donc bien des hommes en de Gironcourt, et tous excellents ; mais il y avait surtout le lorrain et le nancéien, et celui-là ne valait pas moins que les autres.

Suivant le cours régulier des choses, il aurait dû voir le jour à Nancy ; mais le hasard des événements l'avait fait naître, il y a trois quarts de siècle, à Lunéville ; toutefois, il a grandi et il a été élevé en plein Nancy, entre la rue des Quatre-Eglises et la rue Saint-Dizier, dans une des rues les plus longues et les moins larges de la Ville-Neuve, et par cela même les plus dignes de la Ville-Vieille, la rue de la Hache.

Il tenait au sol de la patrie lorraine par les racines les plus profondes ; le grand Charles III avait marqué leur souche, au seizième siècle, par un titre que toutes les branches ont depuis dignement porté. La Duchesse Nicole, régente du duché, l'avait même renouvelé, dans le cours du dix-septième siècle, au profit d'un membre de la famille qui était allé s'établir à Reims ; il y avait contracté, en épousant une nièce de Colbert, une alliance dont un gentilhomme devait, à coup sûr, s'honorer, mais qui ne paraît pas avoir aidé à sa fortune. Plus d'un Regnard de Gironcourt avait porté l'épée, un plus grand nombre la robe. Dans le siècle suivant ils n'embrassèrent plus guère d'autres carrières. Il semblait que, dans leur famille, chaque génération dût produire un avocat ou un magistrat, et l'on y regardait comme une des prérogatives de la charge ou de la profession de s'occuper des origines et des antiquités du pays.

La révolution y dérouta un peu les vocations ; mais si les hommes n'avaient pu les suivre du premier jour, avec les années ils y revenaient, et, après avoir brillé dans les camps ou sur les rangs, ils s'éteignaient antiquaires. Néanmoins, le père de Victor de Gironcourt avait tout-à-fait, et pour toujours, dévié de cette vocation du sang ; de bonne heure, il était entré dans une régie financière ; il y suivait, et sans se presser, le grand chemin de la hiérarchie ; aimé et estimé de chacun, bienveillant pour tous, il y était devenu en même temps le père de ses subordonnés et l'ami de ses supérieurs.

Quant à son fils il tourna, de bonne heure, ses vues vers l'école polytechnique ; il s'y prépara sous la direction d'un professeur de mathématiques éminent, qui, par un privilège singulier, a laissé après lui, dans le pays, la double réputation d'un maître savant et habile, et d'un poète élégant et pur. Elle est faite pour durer, la reconnaissance des familles et le suffrage des hommes de goût l'entretiendront, d'âge en âge, après nous, et la préserveront ainsi de l'oubli. Sur les bancs de la classe, Victor de Gironcourt, parmi les jeunes gens de son âge, en avait rencontré un auquel devaient l'unir étroitement, d'abord la première de toutes les amitiés, celle du collége, et ensuite la double confraternité de l'école et de l'arme. C'était Eugène Humbert, que d'heureuses facultés, un ardent amour du travail, semblaient, dès ce moment, promettre comme lui à un brillant avenir. On ne peut pas dire, néanmoins, que la fortune ait trompé sa destinée, quoique ces forts puissants de Saint-Julien, de Queuleu, de Saint-Privas et de la porte de France, à la construction desquels il avait pris, comme directeur du génie, une si grande part, n'eussent pas préservé notre chère et malheureuse ville de Metz, d'un sort que nous nous serions reproché de craindre pour elle. A l'ouverture de la campagne de 1870, le colonel Humbert s'était, généreusement et à plusieurs reprises, mis à la disposition du Ministre de la guerre ; mais on négligea de mettre à profit, pour la défense d'une pareille place, les services de l'officier qui avait ainsi concouru à la préparer

Sur les bancs, de Gironcourt avait encore rencontré un élève d'un ou deux ans plus âgé que lui. Un même amour de l'étude, la communauté des devoirs, la conformité de quelques traits de leurs propres caractères, et sans doute aussi une secrète inclination les avaient rapprochés. L'intérêt dont M. de Caumont s'était pris à un égal degré pour deux jeunes gens, qui prêtaient une attention si soutenue à ses leçons et qu'il entraînait d'un même élan, acheva ce que les circonstances avaient commencé. Victor de Gironcourt et Eugène Lionnet s'étaient liés sous les yeux du maître, l'amitié les retrouvait encore hors de la classe ; ils travaillaient ensemble chez la grand'mère de Victor, femme excellente, auprès de laquelle il était doucement et tendrement élevé. Il y voyait souvent les généraux Buquet, proches parents de la vénérable aïeule ; l'un d'eux, ancien député des Vosges, avait conquis une notoriété qui n'avait pas jeté moins d'éclat dans la vie civile que dans la vie militaire ; on conçoit ce que le contact et l'exemple de pareils hommes pouvait exercer d'influence sur le cœur de l'adolescent.

Une petite chambre réunissait Victor et Eugène au sortir du collége ; ils s'y mettaient à l'étude et y étaient en même temps émules et répétiteurs l'un de l'autre. Là, il n'y avait guère d'heures oisives ; les jours de congé, on donnait la matinée au travail, mais l'après-midi à des distractions en rapport avec l'âge des deux amis. Dans la belle saison, on se permettait la promenade, tantôt d'un côté de la ville, tantôt de l'autre ; dans les jours les plus sereins, on gravissait les hauteurs de Boudonville. D'habitude, on suivait les grands chemins ; mais parfois, au risque de se perdre, on allait à l'aventure, sur une vieille frayée ou le long d'un sentier de traverse. Tout-à-coup, on s'arrêtait, on ne savait plus où l'on était; on se trouvait à l'embranchement de deux voies sans savoir laquelle prendre et l'on hésitait sur le choix; une courbe d'un côté, une courbe de l'autre ; si Victor inclinait vers la droite, Eugène penchait pour la gauche et, comme il n'y avait pas là un tiers pour les mettre d'accord en leur montrant une ligne moyenne, chacun prenait sa tangente, et, après avoir longtemps erré en la suivant, les deux amis finissaient par se retrouver au pied de la Croix-Gagnée, comme deux pénitents revenus de leurs écarts.

Mais il arriva un jour où l'on dut se séparer ; c'était à ce point critique de la vie où il faut faire le choix d'une carrière ; la vocation, à leur grand regret, ne les conduisit pas du même côté : en la suivant, de Gironcourt arriva à l'Ecole polytechnique ; en y obéissant, Lionnet entra dans l'enseignement, sous le dévoué patronage de son maître, M. de Caumont. Dix-huit ans après, l'un était chef de bataillon du génie, et attaché à l'école d'application de Metz ; l'autre était agrégé de l'Université et professeur de mathématiques à Louis-le-Grand. Pendant que son ami apprenait aux jeune officiers à faire de la sape et à fortifier les villes, lui, avec un débris de l'Association polytechnique, qu'un contre-coup de la révolution de Février venait de détacher de l'édifice, fondait l'Association philotechnique et, grâce à la sagesse qui vient du bon sens, maintenait, en dehors des voies de la politique, une institution qui donne gratuitement l'instruction technique à plus de six mille ouvriers des départements de la Seine et de Seine-et-Oise.

En sortant de l'Ecole polytechnique, de Gironcourt passa d'abord par celle d'application, pour s'y former au service de l'arme du génie. On était au lendemain de la conquête d'Alger ; on n'y avait pas mis plutôt le pied qu'on songea à s'y établir définitivement et à faire de cette partie de l'Afrique une terre française. Mais, pour en arriver là, il fallait s'établir solidement sur les divers points de la Régence, à Bône, à Oran, à Constantine, y remplacer l'autorité des beys par celle des agents de l'administration, s'y fortifier tout à la fois contre les ennemis du dehors et contre ceux du dedans, se mettre partout en état de résister à leurs attaques et de faire accepter notre domination par les différentes races qui composaient la population de l'Etat dont nous venions de faire la conquête. Aussi, à peine les jeunes officiers du génie avaient-ils appris leur métier dans les régiments de l'arme qui tenaient garnison sur le territoire continental de la France, qu'ils étaient envoyés en faire l'application dans les diverses places de l'Algérie. Les uns y restaient pour y faire leur chemin en passant par les divers grades, les autres y revenaient après les avoir pris dans la mère-patrie. Le lieutenant de Gironcourt commença par Bône et fut, un des premiers, employés aux travaux de la place ; puis, quelques années après, il fut envoyé comme capitaine dans la province de Constantine. Il rentre en France vers 1839, et après y avoir passé par des postes de son arme dans les places fortes de Maubeuge et de Toul, il est attaché à l'école d'application et y est, ainsi qu'on le sait déjà, promu au grade de chef de bataillon. Enfin, il retourne une troisième fois en Algérie pour y recevoir celui de lieutenant-colonel et y occuper le poste de chef du génie à Constantine. C'était dans la province dont cette ville est le chef-lieu, qu'en Algérie on avait mis à profit ses solides qualités, la science de l'ingénieur qu'il possédait à fond et l'expérience qu'il avait acquise en la mettant en pratique. En France, il n'avait pas quitté la Lorraine, tantôt fixé à Toul, à Metz, à Longwy, à Lunéville, ou séjournant à Saint-Mihiel ou à Sampigny, donnant partout des gages de capacité, et y laissant la réputation d'un constructeur habile et d'un administrateur exact. Il ne connaissait pas l'ambition ; il n'était point dévoré par la soif de l'avancement; de lui-même, avec la modération et le désintéressement d'un sage, il borna sa carrière en limitant le champ de son action.

Quand il fut appelé à Toul, on était encore dans les vives ardeurs qu'avait éveillées dans les âmes généreuses cette loi du 28 juin 1833, dont M. Guizot venait de doter, comme d'une révélation, l'éducation populaire, et sous le charme des résultats merveilleux que procurait chaque jour son application ; partout on organisait des conférences pour suppléer aux écoles normales en faveur des anciens instituteurs, continuer leur enseignement pour les nouveaux, et les animer tous de cet esprit de haute moralité qui se résume dans l'abnégation chrétienne, l'amour de l'enfance, la pratique du devoir et le dévouement. C'était cet esprit que M. de Rémusat, M. Jouffroy, M. Cousin et M. Villemain, dans les instructions officielles adressées aux personnes, dans d'éloquents discours, ou de savants rapports prononcés à la tribune des Chambres ou sous le dôme de l'institut, cherchaient à inspirer aux maîtres de la jeunesse, comme le véritable esprit de la profession. Le capitaine de Gironcourt, ainsi qu'avaient fait ses professeurs, le capitaine Poncelet et le capitaine Bergery, aux cours industriels de Metz, se rendit aux vœux de la conférence qui réunissait, tous les mois, à Toul, les instituteurs des deux cantons de cette ville, et y enseigna l'arithmétique et les éléments de l'arpentage. Il y ouvrit la voie, y fit aimer la science, en la montrant accessible et familière, et y fonda la tradition, en donnant ainsi l'exemple d'un dévouement sans ostentation.

Lorsque l'heure de la retraite sonna pour le colonel de Gironcourt inutile de dire où il alla la prendre : Nancy l'attendait, tout y était préparé d'avance et à jour fixe pour le recevoir ; une fois qu'il eût dépouillé l'uniforme et revêtu l'habit bourgeois, qu'il se trouva en face de l'Hôtel-de-Ville et qu'il put voir à son fronton les armes de la cité, jointes à celles de Lorraine et de Bar, les alérions barrant l'écu, la croix et les barbeaux, cantonnés côte à côte des lions et des fleurs de lis, il put se dire et dire aux siens : Je suis chez moi, nous sommes chez nous. Il y prit ses aises, y arrangea sa vie et la passa doucement entre sa famille et ses amis, usant des distractions quotidiennes du cercle, et, dans les beaux jours, des promenades charmantes que lui offraient, en grand nombre, la pépinière et les environs de Nancy, si pleins des souvenirs de sa jeunesse.

A l'exemple du maître suprême des ingénieurs militaires, le colonel de Gironcourt, entré dans la retraite, y eût *ses oisivetés* ; quelquefois, elles tenaient encore du métier. En dépit du mot, le travail y eut sa part, mais un travail sans fatigue, non commandé, tout à fait libre, d'accord avec ses goûts et mené à sa fantaisie. L'ingénieur d vint archéologue, ou plutôt l'un succéda à l'autre et le continua, mais en allant chercher la matière de ses études dans le passé. Il revit d'abord les matériaux qu'avait amassés son grand-père, pourvu de l'office de chevalier d'honneur de la compagnie des trésoriers de France de la généralité de Metz, avant la révolution, et des fonctions de juge d'instruction à Cologne et à Metz sous le premier empire ; il les classa et en tira la quintescence, pour en faire sortir la solution de certaines questions que se posent encore les antiquaires et les savants à propos des origines de la province, de celles de certaines familles et de localités rappelées dans l'histoire (1). Puis il revint avec amour et presque avec passion à la fortification.

Lorsque les ducs de Lorraine étaient des princes indépendants et qu'ils avaient des amis et des ennemis, ils avaient quelquefois été obligés de sortir de chez eux pour aller faire la guerre à ceux-ci, ou de s'y renfermer pour se défendre contre leurs attaques. Dès lors, ils avaient dû entourer leur capitale de remparts. Nancy était devenu une place forte et la plus forte de leurs Etats : elle avait dû soutenir des sièges ; si elle avait succombé sous les assauts de Charles-le-Téméraire, elle avait pris sa revanche, et le vainqueur avait trouvé la mort sous les murs de la conquête qu'il n'avait pu conserver. Le duc Charles III avait mis à profit les progrès de l'art moderne pour la défense de sa capitale, qu'il voulait agrandir ; il avait appelé auprès de lui le napolitain de Stabili et après celui-ci le lombard Galéani qui s'étaient, surtout le premier, fait, parmi les hommes de guerre de leur temps, une réputation considérable, comme ingénieurs militaires. Il les avait chargés d'entourer la Ville-Neuve et la Ville-Vieille d'une enceinte de remparts et d'un système de défense capable de résister aux agressions des armées les mieux conduites. Ces fortifications firent longtemps l'admiration de toute l'Europe, mais elles ne suffirent pas pour mettre Nancy à l'abri des entreprises d'un adversaire comme son voisin le plus immédiat. Elles ne suffirent même pas à garantir la neutralité de la Lorraine. Louis XIII et Louis XIV entrèrent dans sa capitale sans coup férir. L'action des négociateurs et

(1) M. Léopold de Gironcourt avait écrit une histoire de Nancy qui est restée manuscrite, et des éphémérides lorraines dont quelques fragments ont été insérés dans *Journal de la Meurthe* en 1822 et 1823.

les simples combinaisons de la politique leur en ouvrirent les portes. Devenues inutiles, ces fortifications ont disparu ; elles ont fait place à un palais, à des rues, à des promenades, à des jardins ou à des champs qu'elles ont rendus à la culture. De l'œuvre de Stabili il ne restait plus sur pied que quelques bastions à moitié détruits, des pans de muraille qui les reliaient encore, et quelques portes, rajustées depuis, afin de répondre aux exigences de la viabilité. Les quartiers qu'élevèrent sur une partie des ruines de la forteresse, Charles IV, Léopold et Stanislas, les firent presque entièrement disparaître, et l'assiette des ouvrages qui la défendaient, leur périmètre, leurs formes et leurs dispositions sur le terrain sont devenus des problèmes que l'histoire et l'archéologie se sont posés depuis deux siècles et demi, et qu'elles ont essayé de résoudre en laissant plus d'une lacune dans leurs solutions. Le colonel de Gironcourt est venu à son tour ; il a revu, sur place et en homme du métier, les travaux des historiens et des archéologues qui l'avaient précédé. Cette étude a été le patient emploi de ses loisirs ; il l'a suivie sans y sentir la peine, pour sa satisfaction et non pour faire parler de lui. Tout cela est bien relevé, sainement entendu et exactement dressé comme le journal d'un siège ; toutefois, il ne l'a envoyé ni au gouvernement, ni aux académies ; il l'a tenu, non pas secret, mais simplement serré dans son portefeuille, sans lui laisser voir le jour ; et, trop modeste pour en tirer une gloire quelconque, il lui a seulement permis de passer sous les yeux des siens et de quelques amis.

Ç'a été sa dernière campagne ; il ne s'y est pas épuisé, il n'y a trouvé que du plaisir et les plus paisibles de toutes les distractions.

Il servit encore d'une autre façon l'arme à laquelle il avait appartenu. Une des dépouilles, et pas une des moins chères, de celles que nos malheurs nous ont forcé, en quittant Metz, de laisser dans les mains de l'ennemi, c'était la riche bibliothèque de l'école d'application du génie et de l'artillerie; le colonel Humbert, chargé de la reconstituer et de l'administrer à Fontainebleau, s'adressa à tous les anciens élèves de cette école, pour leur demander de l'y aider par leurs dons, comme l'Etat le faisait par ses subventions. Le colonel de Gironcourt répondit dignement à l'appel de son ami : il possédait le grand ouvrage sur la campagne d'Egypte ; en fils reconnaissant de l'Ecole qui est l'*alma mater* de nos deux armes spéciales, il l'offrit à sa bibliothèque : c'est sans doute l'un des plus magnifiques joyaux dont elle puisse se parer.

La vie de de Gironcourt était réglée, mais sa constitution délicate ; en prenant des années, il en a senti le poids et s'est éteint quand il n'a plus été assez fort pour le porter. Il a vu de loin venir le dernier jour et s'y est préparé. Dieu ne l'a pas pris au dépourvu. Il avait dignement vécu dans le monde et dans la société, avec une tendresse toujours égale, toujours pleine de sollicitude pour sa famille, auprès d'une compagne attentive et chérie, au milieu de ses enfants et de ses petits-enfants, souffrant parfois de leurs douleurs, mais sans cesse réjoui par leurs succès. Il était aussi entouré d'amis qui n'avaient guère plus, ou guère moins, d'années que lui, et qui devenaient, hélas ! tous les jours plus rares. Constant dans ses affections, il ne se séparait des compagnons de sa vie que quand la dernière heure avait donné pour eux, se serrant toujours plus près des survivants et honorant, avec ceux qui avaient appartenu comme lui à la grande Ecole, du culte de la plus respectueuse reconnaissance la noble veuve du maître qui les y avait conduits.

Le colonel de Gironcourt attirait, par la facilité de

son accès, la bonté de son cœur, la simplicité et la distinction de ses manières ; il retenait par la douceur et la sûreté de son commerce, la loyauté, la droiture et la modération de son caractère. Ce qui faisait le mérite éminent de cet homme de bien, c'était la rectitude de son esprit, la netteté de ses idées, la précision de son langage, la fermeté et l'élévation de ses sentiments. Cet ensemble de qualités modestes, mais excellentes, lui avait concilié l'affection de tous ceux qui l'approchaient et l'estime de tous ceux qui le connaissaient de loin comme de près. On peut dire que sa vie, si sagement ordonnée, était un exemple et une leçon. Par sa tendresse et son dévouement pour les siens, le père installa le bonheur au foyer de sa famille ; par ses services, le militaire fut utile à son pays. En politique, de Gironcourt aimait la liberté, mais il ne ressentait pas un amour moins ardent pour l'ordre ; il voulait de la première pour chacun ; il voulait encore du second pour tous La chose qu'il demandait par dessus tout à tous les gouvernements, c'était de garantir, avec une égale fermeté, l'une et l'autre. Il était donc, je ne dirai pas de son temps, mais de son siècle ; il n'en répudiait ni l'esprit libéral, ni les tendances généreuses, ni son amour du progrès ; mais gardez-vous de croire qu'il reniât les enseignements de ceux qui l'avaient précédé. Il croyait fermement que les temps se suivent et se soutiennent ; que, c'est en s'appuyant sur le passé, que le présent doit marcher vers l'avenir ; qu'il n'y a de paix assurée et de gloire désirable, pour une nation, que dans leur accord, et que tous les malheurs, pour elle, viennent de leur divorce.

On a pu s'apercevoir, dans le cours de ces souvenirs, qu'ils sont ceux d'un témoin souvent mêlé à la vie qu'il raconte, aux événements qu'il rappelle. De bonne heure, en effet, je suis entré, pour mon compte, dans les relations de Victor de Gironcourt, d'Eugène Humbert, d'Eugène Lionnet, les uns avec les autres, et même avec Emile Henriet, ce digne et loyal magistrat qui a vécu près d'eux ou avec eux ; d'elle-même, la chaîne s'est ouverte et j'ai eu ma place dans leurs liaisons ; j'ai donc apporté mon contingent à cette communauté d'amitiés et j'y ai dès lors eu ma part des cordiales affections. Hélas ! aucun de ceux dont je viens de tracer les noms n'est plus.

A quelques années de distance le colonel de Gironcourt a suivi le colonel Humbert dans la tombe, et elle s'ouvrait pour Eugène Lionnet, le jour où Emile Henriet, le plus jeune de tous, y descendait lui-même. Leur aîné et leur survivant vient donc dire à tous ensemble un dernier adieu. Que de vertus je pourrais rappeler en le leur adressant, et quels hommes je montrerais en le faisant Un magistrat se reposant du travail par la bienfaisance, et ajoutant aux devoirs professionnels des devoirs nouveaux pour créer, encourager, administrer et soutenir, sans compter, autour de lui, les œuvres de prévoyance et de charité ; ce bon, ce simple Lionnet, cet habile et généreux professeur s'élevant par l'étude, en dépit des difficultés de toute nature, jusqu'à la science la plus haute, jusqu'aux postes qu'elle peut seule occuper, et donnant, sans s'en faire gloire, à ces ouvriers honnêtes et intelligents qu'il a par milliers réunis, pendant plus de trente ans, autour de sa chaire de l'association polytechnique ou de l'association philotechnique, les deux seules choses qu'il possédât, son temps jusqu'à la dernière heure, et les éléments pratiques de la science même, devenus dans leurs mains les instruments féconds de la profession.

Je ne pouvais, au lendemain du jour où nous perdions Victor de Gironcourt, ne pas ressentir plus vivement le coup qui les atteignait tous deux, sitôt après lui ; leur souvenir se confondait dans mon cœur avec le sien et de lui-même se plaçait ici sous ma plume.

Mais je ne veux pas m'y arrêter sur la douleur que m'a causée leur fin ; qu'on me permette de revenir une dernière fois, pour en honorer leur mémoire, sur cette religion du devoir et sur ces dévouements dont la pratique a rempli leur vie. De Gironcourt, Humbert, Henriet, Lionnet, je me suis peut-être laissé aller trop longtemps à la satisfaction de les louer ; pourquoi le regretterais-je ? Qui oserait se reprocher d'avoir trop loué des hommes de talent et des hommes de bien ?

S.

Bar-le-Duc. – Imp. Veuve Numa Rolin, Chuquet et Cie.

www.ingramcontent.com/pod-product-compliance
Ingram Content Group UK Ltd.
Pitfield, Milton Keynes, MK11 3LW, UK
UKHW020446220726
13923UKWH00005B/2376

9 782019 626495